Culture économique | numéro 8

L'OCDE
FACE AUX DÉFIS DE LA MONDIALISATION

— Organisation de coopération
et de développement économiques

par Ariane de Saeger

50MINUTES

L'OCDE

- **Création ?** L'Organisation de coopération et de développement économiques (OCDE) est établie en 1961, succédant à l'OECE (Organisation européenne de coopération économique) qui avait été instaurée au lendemain de la Seconde Guerre mondiale. À sa création, l'OCDE avait pour objectif principal l'application du plan Marshall adopté par les États-Unis et consistant à reconstruire l'Europe. Une fois ceci fait, un nouveau défi s'est imposé : celui d'améliorer le cadre des échanges économiques entre pays membres.
- **Actions principales ?** Comptant 34 pays membres, l'OCDE se donne comme mission prioritaire de promouvoir à l'échelle mondiale des politiques sociales et économiques meilleures et, de ce fait, met à disposition des analyses transversales et des recommandations pour venir en aide aux gouvernements afin de privilégier :
  - la restauration de la confiance dans les marchés par les gouvernements, institutions et banques ;
  - des finances publiques saines comme base de toute économie durable ;
  - l'accès pour tous à de nouvelles compétences et l'acquisition de nouvelles sources de croissance pour assurer la création de stratégies innovantes respectueuses de l'environnement en plus de soutenir le développement des pays émergents.
- **Mots-clés ?**
  - <u>Banque mondiale (BM)</u> : fondée en 1944, la BM regroupe aujourd'hui cinq institutions (BIRD, IDA, IFC, MIGA et CIRDI) et est une agence de l'Organisation des Nations Unies comprenant 187 pays membres. Son rôle est d'aider financièrement les pays en voie de développement dans des secteurs tels que l'éducation, la santé, l'agriculture et l'industrie.

- Coopération économique : série de politiques d'entente et d'échange entre deux ou plusieurs états afin de favoriser leur développement économique.
- Développement : au sens strictement économique, il s'agit d'une amélioration, d'un progrès qualitatif et durable d'une économie et de son fonctionnement. À l'heure actuelle, le « développement » est souvent envisagé plus largement : développement humain, social, politique, environnemental, etc.
- Développement durable : mode de développement à travers lequel les besoins des générations présentes tout autant que ceux des générations futures sont entièrement satisfaits. Les trois composantes interdépendantes du développement durable sont les dimensions environnementale, sociale et économique.
- Fonds monétaire International (FMI) : fondé en 1944, le FMI est un organisme chargé d'assurer la stabilité monétaire à l'échelle internationale ; il est également une institution spécialisée de l'ONU. Concrètement, cela signifie qu'il veille à la bonne implémentation de politiques de change et prête des devises étrangères (monnaies) aux pays qui ne peuvent assumer le paiement de leurs importations. Au fil du temps, il est devenu le « prêteur en dernier ressort » pour les pays les plus pauvres et les plus endettés.
- Gouvernance : manière de gérer, d'administrer. Dans ce contexte bien précis, nous parlerons spécifiquement de gouvernance démocratique. Cette notion dépasse le cadre traditionnel de l'action publique et s'oriente vers de nouvelles formes de responsabilité citoyenne. L'État reste l'acteur central, mais non exclusif.
- Libéralisation ou privatisation : action qui permet de rendre les échanges plus libres en diminuant l'intervention de l'État. Il est ainsi possible de libéraliser un secteur ou une économie tout entière. Exemple : la libéralisation du secteur de l'eau signifie que le secteur de l'eau n'est plus géré par l'État (ou institutions publiques) mais par des entreprises privées.

- ○ <u>Libre-échange</u> : en opposition au protectionnisme, le libre-échange est une doctrine qui préconise la suppression de toutes les barrières tarifaires et non tarifaires (droits de douane) et entraves aux échanges et transactions internationales.
- ○ <u>Libre-marché</u> : marché sur lequel vendeurs et acheteurs échangent librement, au prix et en quantité qu'ils veulent. Les crises financières et économiques successives ont parfois eu raison d'un marché moins libre, dit « plus régulé ». Une économie de marché est une économie pour laquelle tous les échanges sont non régulés, où l'État n'intervient pas et où la demande et l'offre des agents économiques sont maîtres.
- ○ <u>Organisation des Nations unies (ONU)</u> : organisme international fondé en 1945 et regroupant quasiment tous les pays du monde. Elle œuvre pour la paix dans le monde, et se donne pour objectifs d'aider et de renforcer la coopération au niveau du droit international, de la sécurité internationale, du progrès social, du développement économique et des droits de l'homme.
- ○ <u>Mondialisation</u> : d'un point de vue économique, la mondialisation est le reflet d'une évolution d'intégration planétaire de phénomènes économiques, écologiques, financiers et culturels dans un système économique et commercial unifié. En d'autres mots, alors qu'autrefois, les économies évoluaient chacune de leur côté (à l'échelle nationale, régionale ou locale), aujourd'hui elles sont reliées entre elles et évoluent ensemble dans une économie dite « globalisée ».

Tantôt critiquée et tantôt encensée, la mondialisation – ou globalisation – fait parler d'elle. Elle s'invite au cœur des débats, dictant, selon certains, les agrégats de l'économie en omettant les pays les plus faibles ou en supprimant toutes les barrières commerciales pour libéraliser le commerce au profit de quelques-uns. Ce qui est en tout cas certain, c'est qu'elle participe aux échanges économiques, allant parfois jusqu'à accroître de façon spectaculaire leur rendement. Mais au final, est-ce que la globalisation et les organismes qui favorisent le libre-échange ainsi qu'une économie mondiale intégrée sont-ils véritablement bénéfiques pour le bien-être de tous ?

Au vu de la situation fort critique, voire inquiétante, d'une grande partie des pays du monde, il est primordial de reconsidérer ce qui a été établi par nos aînés. Pour ce faire, replongeons-nous dans notre passé commun pour mieux comprendre l'évolution de ce contexte commercial et économique, qui est entré dans un processus de libéralisation dès la fin de la Seconde Guerre mondiale et qui se poursuit encore aujourd'hui.

> Pourquoi la constitution d'un organisme tel que l'OCDE était-elle pertinente à l'époque ? Quel rôle joue-t-il au sein de notre économie globale et mondialisée ? Serait-ce possible de nous en passer aujourd'hui ? Quelles évolutions au niveau des échanges commerciaux entrevoit-on ?

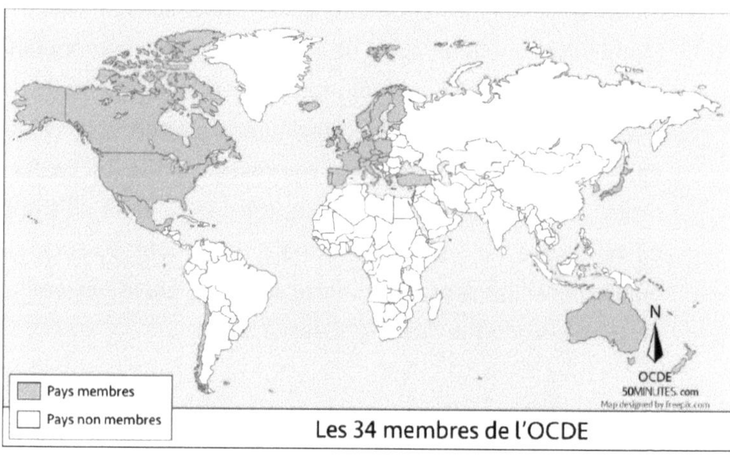

Les 34 membres de l'OCDE

Allemagne, Australie, Autriche, Belgique, Canada, Chili, Corée du Sud, Danemark, Espagne, Estonie, États-Unis, Finlande, France, Grèce, Hongrie, Irlande, Islande, Israël, Italie, Japon, Luxembourg, Mexique, Norvège, Nouvelle-Zélande, Pays-Bas, Pologne, Portugal, République tchèque, Royaume-Uni, Slovaquie, Slovénie, Suède, Suisse et Turquie.

CONTEXTE

L'APRÈS-GUERRE ET LA RELANCE ÉCONOMIQUE

Le plan Marshall, l'OECE et l'OCDE

Au lendemain de la Seconde Guerre mondiale, les puissances européennes, déterminées à ne pas répéter les erreurs du passé, décident de favoriser une paix durable basée sur la coopération et la reconstruction : l'OECE est alors instituée en 1948 pour assurer la bonne mise en application du plan Marshall.

QU'EST-CE QUE LE PLAN MARSHALL ?

Le plan Marshall est un plan de relance économique proposé par le secrétaire d'État américain George C. Marshall (1880-1959), instauré en 1948 et financé par les États-Unis, sous la coupole du président Harry S. Truman (1884-1972). Le plan, dont la mise en application est confiée à l'OECE, était initialement supposé durer quatre ans, au terme desquels les pays européens devaient avoir retrouvé une certaine stabilité économique et financière.

Au vu du succès enregistré par l'organisme, les États-Unis et le Canada ne tardent pas à manifester leur intérêt et signent la charte le 14 décembre 1960, ce qui débouche sur la création de l'Organisation de coopération et de développement économiques (OCDE) le 30 septembre de l'année suivante. D'autres pays rejoindront ensuite l'institution (Japon, Brésil, Inde, etc.) et en l'espace de 50 ans, les initiatives et avancées surprennent de par leurs résultats prometteurs. À titre d'exemple, les États-Unis ont triplé leur richesse nationale ; d'autres pays, qui ont pendant longtemps joué un rôle mineur, sont devenus des acteurs déterminants d'une économie future durable – il s'agit principalement de la Chine, de l'Inde, du Brésil, de l'Afrique du Sud et de l'Indonésie.

Le libre-échange, fondement des organisations internationales d'après-guerre

LA DIVISION INTERNATIONALE DU TRAVAIL, LA BASE DU LIBRE-ÉCHANGE

Pourquoi faudrait-il libéraliser le commerce international ? Partons de l'hypothèse que la richesse d'un pays résulte de la division du travail entre les individus d'un même pays.

La division du travail correspond à la répartition et à la spécialisation du processus de production. Par exemple, si un individu est spécialiste en matière de récolte agricole, la communauté (la région ou le pays) aura tout intérêt à ce que les autres individus se spécialisent dans un autre domaine. Même si ce constat est à nuancer, la division du travail a été une des sources de création de richesses incontestable.

Ce principe de division du travail, qui s'applique au niveau communautaire ou national, peut également s'appliquer à une dimension internationale : un pays a tout avantage à produire un bien ou un service qui répond à une certaine demande et en même temps à bénéficier de la production spécifique de cet autre pays pour un autre bien. C'est ce qu'on appelle la division internationale du travail. Celle-ci peut être, dans une certaine mesure, limitée si certains pays imposent des obstacles (barrières tarifaires ou non tarifaires). Bien que le monde se libéralise commercialement et économiquement, de nombreux pays (entreprises, gouvernements, etc.) ont des pratiques contraires à ce libre-échange.

La crise de 1929 et la Seconde Guerre mondiale ont de toute évidence provoqué une remise en question du mode de fonctionnement international avec à la base des discussions le besoin d'échanges plus conséquents, au-delà des frontières. En 1944, lors des accords de Bretton Woods (États-Unis), qui rassemblent les représentants de 44 nations, est créé un plan international de relance économique dont les trois piliers fondamentaux sont :

- l'investissement économique ;
- la gestion financière ;
- l'organisation du commerce.

Les deux premiers piliers se réalisent au travers de la création de la Banque mondiale et du FMI. Quant au troisième pilier, qui vise la relance de l'emploi via un nouvel élan des échanges et du commerce, c'est un nouvel organisme – l'Organisation mondiale du commerce (OMC) – qui devrait désormais en prendre la charge.

De nombreuses négociations – en partie dues aux tensions liées à la Seconde Guerre mondiale et à la Guerre froide – avec les grandes puissances du commerce mènent malheureusement à des divergences de points de vue telles que le projet de création de l'OMC n'aboutira pas. À la place, un accord provisoire, « le GATT », est signé : ce système est maintenu près de 47 ans, jusqu'à la création tant attendue de l'OMC en 1994.

Le GATT

L'Accord général sur les tarifs douaniers et le commerce (AGETAC) ou *General Agreement on Tariffs and Trade* (GATT) est un accord international signé en 1947 qui comprend un ensemble de traités, de règlements et de directives, qui entend fixer un cadre commun pour établir un commerce dit « de libre-échange » entre les différents pays du monde. Son objectif est de réduire les droits de douane, de négocier, voire de supprimer, toutes les contraintes (tarifaires et non tarifaires) et de favoriser les échanges à un niveau international. Ses principes fondamentaux sont :

- la stabilité des droits de douane ;
- l'élimination générale des restrictions quantitatives au commerce international ;
- la clause de la nation la plus favorisée (autrement dit, un avantage attribué à un membre devient un avantage pour tous les membres) ;
- la clause du traitement national (qui consiste à instaurer un même traitement entre nations) ;
- le système de préférences généralisées (régime où les pays industrialisés octroient des facilités aux pays les moins industrialisés. Ce traitement préférentiel n'est pas réciproque) ;
- la loi du talion, que l'expression « Œil pour œil, dent pour dent » illustre parfaitement, et les sanctions.

L'apparition de l'OMC

L'Organisation mondiale du commerce (OMC) ou *World Trade Organization* (WTO) naît en 1995, des suites de la conférence de Marrakech en 1994 pour pallier les manques du GATT de l'époque. Regroupant quelque 161 pays membres et représentant plus de 95 % du commerce international, elle est la seule organisation internationale qui régit les règles commerciales entre les pays.

Bien que l'OMC est dirigée par ses gouvernements membres et que les lois ou traités sont ratifiés par ces derniers, l'organisation mondiale ne fonctionnerait pas sans le travail rigoureux de son Secrétariat qui coordonne l'ensemble de ses activités, favorise le dialogue entre les membres et s'assure de l'application et du respect des règles commerciales.

Les missions de l'OMC sont nombreuses et variées :

- négociations commerciales ;
- mise en œuvre et suivi des politiques commerciales adoptées par les membres de l'OMC ;
- règlement des litiges et différends ;
- communication ;
- renforcement des capacités commerciales des gouvernements membres qui le souhaitent.

Par ailleurs, l'OMC et l'OCDE coopèrent activement. Alors que l'OMC est perçue comme l'institution de référence, régissant le commerce international pour garantir une plus grande cohérence et harmonie au niveau mondial, l'OCDE, quant à elle, joue un rôle en termes d'aide commerciale et plus particulièrement au niveau du renforcement des capacités commerciales.

LES PRÉMICES DE LA MONDIALISATION

Si la période qui succède à la Seconde Guerre mondiale voit s'intensifier des changements en termes d'échanges économiques et commerciaux, cela se fait en partie au détriment du développement économique des pays les plus pauvres. Quelques pays font cependant exceptions à la règle et sont parvenus à tirer leur épingle du jeu.

- Des économies comme celles de la Corée du Sud ou de Taïwan, grâce à un transfert de technologies et de capitaux en provenance des États-Unis et du Japon, ont par exemple réussi à implanter leurs productions dans les pays industrialisés.
- Il en va de même pour les pays exportateurs de pétrole qui ont, de leur côté, réinvesti les bénéfices de leurs ventes dans des secteurs de production au nord de la planète.

Ces quelques réussites des pays du Sud dans le processus de mondialisation sont pourtant loin de refléter sa globalité ou sa complexité.

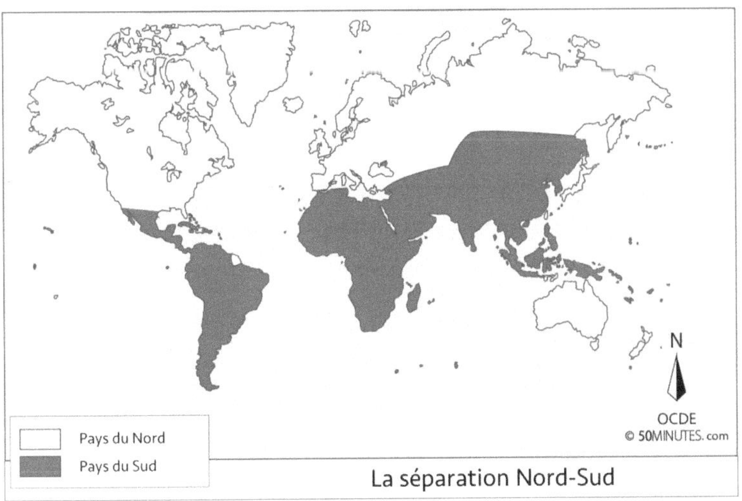

La séparation Nord-Sud

Mondialisation, dépendance et évolution

Plusieurs facteurs ont joué en faveur ou en défaveur d'une mondialisation globalisée des PED par rapport au reste du monde.

- **Freins**
  - Le rapport à la colonisation : les pays anciennement colonisés n'échangeaient qu'exclusivement avec la métropole qui les dominait et, de ce fait, développaient une relative dépendance commerciale par rapport à celle-ci. Une fois débarrassés de leur tutelle, nombre de pays décolonisés ne parviennent pourtant pas totalement à se défaire de cette dépendance commerciale devenue au fil du temps vitale pour leur propre développement économique.
  - La suprématie des grandes puissances : depuis la nuit des temps, les pays industrialisés commercent entre eux, les pays en développement étant laissés pour compte et souvent dépendant de leur relation avec les pays développés.
- **Accélérateur**
  - Une croissance spectaculaire : alors qu'au début du XXe siècle, la part des PED représente ¼ du commerce mondial, dans la seconde moitié du XXe siècle, ils s'affirment davantage et

avoisinent les 40 %, grâce à la croissance spectaculaire de certaines régions (notamment en Amérique latine et en Asie, où l'on connaît soit une forte industrialisation, soit une importante transition démographique, soit une amélioration notoire des conditions de vie).

LES QUATRE DRAGONS ASIATIQUES

Si la Corée du Sud, Taïwan, Hongkong et Singapour sont surnommés « dragons » puis « tigres d'Asie », c'est principalement suite à leur entrée agressive et participation active sur la scène internationale. Leur insertion est d'ailleurs perçue comme une menace par les pays développés de l'OCDE qui, à cette époque (1970), vivent leur première crise. En effet, les industries (textile, sidérurgie ou construction) se tournent vers les pays d'Asie où la main-d'œuvre est moins coûteuse et la production plus dynamique.

La théorie de dégradation des échanges Nord-Sud ou la triste conséquence de la théorie de la dépendance

La théorie du commerce international telle que développée par les économistes britanniques Adam Smith (1723-1790) et David Ricardo (1772-1823) suppose que :

- le revenu d'un pays peut augmenter grâce au commerce ;
- chaque pays a tout intérêt à se spécialiser dans l'exportation des produits pour lesquels il détient un avantage en terme de coût de production (théorie des avantages comparatifs) ;
- le libre-échange implique une division internationale du travail qui est favorable à tous (accès à un marché plus large et plus importante production de biens grâce à plus de facteurs de production) ;
- à terme, le développement technique provoque une baisse des prix des produits industriels à l'avantage des producteurs de matières premières.

En 1950, Raúl Prebish (économiste argentin, 1901-1986) tend à dénoncer les effets dévastateurs du libre-marché. Selon lui, les termes de l'échange entre les pays riches et les pays pauvres se verraient en réalité détériorés, défavorisant de la sorte les pays les plus pauvres. Les explications concernant cette dégradation des échanges sont diverses, retenons comme raisons majeures :

- les prix des produits manufacturés et industriels demeurent élevés essentiellement à cause des monopoles qui parviennent à les maintenir ainsi d'une part, et des syndicats qui permettent une hausse des salaires grâce à une augmentation des prix des produits d'autre part ;
- les termes d'échange de matières premières se dégradent, c'est-à-dire que les pays en développement importent moins (de produits manufacturés puisqu'ils prennent davantage de valeur) pour plus d'exportation (de matières premières dont la valeur chute).

Les chocs pétroliers et les chutes du prix des matières premières au cours de l'histoire conforteront les apports de Prebish sur le sujet. Cette théorie est renforcée par des arguments factuels justifiant un déséquilibre, voire une dégradation des échanges due à la libéralisation.

Le déséquilibre des échanges internationaux

Arguments démontrant une pression à la hausse des prix des produits au Nord, empêchant en conséquence le commerce entre les pays du Sud et les pays et régions les plus puissantes du globe	Arguments qui encouragent une baisse des prix des produits du Sud
• Syndicalisation et emploi : dans les années soixante-dix, la forte syndicalisation des travailleurs combinée à un plein emploi a permis de garantir un salaire à la hausse aux populations des pays riches. Cette évolution à la hausse des salaires a ensuite engendré une augmentation au niveau de la productivité ainsi que du prix de ventes des produits. • Innovation et sophistication : à la pointe de la technologie, les pays industrialisés ont commencé à développer des produits sophistiqués et dès lors plus coûteux. • Offre des biens concurrentielle et dès lors certains biens plus onéreux.	• Faiblesse du produit : les biens exportés par les pays du Sud sont bien souvent le résultat d'un processus de fabrication à la base et peu élaboré. Malgré leur degré de productivité relativement élevé, cela ne suffit pas face à la concurrence sur ce type de marché (matières premières). • La demande pour des produits de base diminue progressivement. La hausse des revenus dans les pays du Nord a permis aux populations de mieux vivre et donc de s'approvisionner en produits de synthèse à la place des matières premières en provenance du Sud. • Le monopole des grandes entreprises multinationales malmène souvent les petits producteurs qui ne peuvent se permettre de casser leurs prix en raison du coût de production.

Au cours des décennies suivantes, chaque rebondissement d'ampleur internationale vint infirmer ou, au contraire, confirmer la théorie de la détérioration des échanges Nord-Sud, les fluctuations des prix des matières premières variant à la hausse et à la baisse en fonction de la période. D'un côté, la création de l'OPEP, par exemple, ne corrobore pas cette théorie avec des fluctuations moins variables grâce à un contrôle du prix. D'un autre côté, les chocs pétroliers à la fin du XXe siècle confirment cette thèse. En 1973, à la suite d'une grave crise internationale au Moyen-Orient, le prix du baril de pétrole passe de 3 à 10 \$. Cette hausse des prix n'a pu être rendue possible que grâce à la forte demande en provenance des pays industrialisés. Dans ce cas-ci, le monopole du pétrole par quelques pays (OPEP) confirme la théorie de Prebisch selon laquelle le libre-marché détériore les échanges au détriment des pays les plus faibles.

L'Organisation des pays exportateurs de pétrole (OPEP) est une organisation internationale établie en 1960 qui a pour objectifs principaux la coordination, l'unification et l'harmonisation des politiques pétrolières en vue de protéger les intérêts des pays membres. Elle coordonne par exemple la production afin de maintenir une certaine stabilité du prix du pétrole et éviter des fluctuations à la baisse.

Créée à l'initiative du Venezuela, l'OPEP compte 12 membres : les cinq pays fondateurs (Venezuela, Iran, Irak, Koweït et Arabie Saoudite) ainsi que, par ordre d'entrée, le Qatar, la Libye, la fédération des Émirats arabes unis, l'Algérie, le Nigeria, l'Angola et l'Équateur.

RÔLE ET MISSION

MISSION

La principale mission de l'OCDE est d'améliorer les conditions du bien-être socioéconomique à travers le monde par ses propositions de mise en œuvre de politiques adaptées. Concrètement, elle :

- offre aux gouvernements un espace de dialogue et de partage d'expérience et d'expertise pour échanger sur les problèmes communs ;
- travaille avec les gouvernements pour déterminer les vecteurs du développement économique, social et environnemental, les trois piliers d'un développement durable pour tous ;
- mesure la productivité et les échanges internationaux au niveau des investissements et du commerce ;
- analyse et compare les données et statistiques pour mieux anticiper les tendances futures et (ré)agir en conséquence ;
- établit des normes dans de nombreux domaines (sécurité, produits chimiques, fiscalité, etc.) ;
- analyse les indicateurs qui peuvent avoir des répercussions directes sur le bien-être des individus (impôts, coût de la vie, etc.).

Cette mission, l'OCDE ne la remplit pas seule mais bien en partenariat avec de nombreux acteurs concernés par le développement global et le bien-être de tous. Cette collaboration implique les gouvernements, les entreprises (Comité consultatif économique et industriel de l'OCDE), les syndicats (Commission syndicale consultative de l'OCDE) et la société civile (Forum de l'OCDE).

ORGANES DE L'OCDE

Le Conseil, les Comités et le Secrétariat travaillent de manière transversale pour assurer le bon fonctionnement de l'institution et relayer les recommandations de l'institution aux quatre coins du globe.

Les organes de l'OCDE

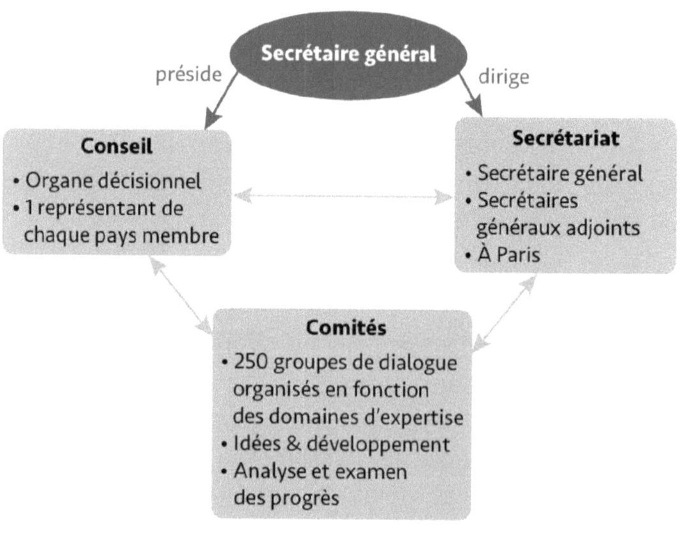

- **Le Conseil** est l'organe décisionnel de l'OCDE, en charge de la supervision et de la direction stratégique globale. Tous les pays membres (en ce compris un représentant de la Commission européenne) y sont représentés à raison d'une personne par nation : les délégués se réunissent à intervalles réguliers et adoptent ensemble des décisions par consensus sous la houlette du Secrétaire général qui préside l'assemblée.

- **Les 250 Comités** de l'OCDE correspondent à des « groupes de travail » composés de hauts fonctionnaires issus des 34 pays membres : ils débattent des idées à éventuellement développer et des avancées réalisées dans des domaines spécifiques.
- **Le Secrétariat**, dont le siège est à Paris, est dirigé par le Secrétaire général (élu tous les cinq ans) qui analyse avec une série de Secrétaires généraux adjoints les différentes propositions émises par les Comités.

José Àngel Gurría, 5ᵉ Secrétaire général de l'OCDE

José Àngel Gurría (économiste et homme politique mexicain, né en 1950) est propulsé sur le devant de la scène internationale, après avoir occupé successivement les fonctions de ministre des Affaires étrangères (1994-1998) et de ministre des Finances (1998-2000), lorsqu'il est élu Secrétaire général de l'OCDE en 2006. Réputé pour avoir réussi à mettre en place des mécanismes économiques salvateurs pour l'économie mexicaine (+ 6,7 % de croissance lors de son mandat au ministère des Finances), Gurría a pu, à maintes reprises, démontrer ses talents de négociateur et de promoteur d'un dialogue entre les acteurs américains et mondiaux sur des questions et enjeux internationaux.

En qualité de ministre déjà, il avait établi d'étroites relations avec l'OCDE, de l'adhésion du Mexique jusqu'à la présidence du Conseil en 1999. Il succède à Donald J. Johnston (avocat et député fédéral du Québec, né en 1936) et devient le cinquième Secrétaire général de l'OCDE. En mai 2015, son mandat est renouvelé pour la troisième fois consécutive : sa carrière est marquée par une empreinte d'excellence, de dynamisme et de leadership.

MOYENS FINANCIERS

Pour 2014, le budget de l'OCDE s'élève à 357 millions d'euros ; l'organisme est entièrement financé par ses pays membres et la contribution nationale dépend de la taille de l'économie propre à chacun. Les États-Unis apportent à eux seuls près de 22 % du montant global, ce qui en fait le plus gros donateur de l'OCDE, loin devant les autres. Avec 12,86 %, le Japon se place en deuxième position, alors que la France est quatrième (5,73 %) et la Belgique quinzième (1,52 %).

Parallèlement, les pays membres peuvent soutenir des résultats de programmes mis en place par l'OCDE. L'organisme, contrairement à la Banque mondiale et au FMI, n'accorde pas de prêts ou de financements.

LES ACTIONS DE L'OCDE

L'OCDE analyse les données et les transforme en politiques.

Les actions de l'OCDE

Promotion de politiques sociales et économiques meilleures
Mise à disposition des analyses transversales et des recommandations pour venir en aide aux gouvernements afin de privilégier :

- la restauration de la confiance dans les marchés par les gouvernements, les institutions et les banques
- des finances publiques saines comme base de toute économie durable
- l'accès pour tous à de nouvelles compétences et l'acquisition de nouvelles sources de croissance pour assurer la création de stratégies innovantes et respectueuses de l'environnement et soutenir le développement des pays émergents

Mode d'action

1. Collecte d'un maximum de données factuelles pour pouvoir évaluer la situation économique de manière globale et ainsi identifier les progrès réalisés.
2. Analyse des données pour percevoir les challenges futurs et émettre des prévisions sur le court et moyen terme.
3. Discussions entre les membres de l'OCDE pour envisager tous les scénarios possibles, voire entamer des négociations si nécessaire ; chaque organe de l'OCDE participe à son niveau à l'élaboration des recommandations à relayer aux gouvernements.

4. Prise de décision par le Conseil de l'OCDE pour entamer l'implémentation de la meilleure des solutions envisagées plus tôt.
5. Mise en œuvre effective de ladite solution par les gouvernements (individuellement ou non) via un plan d'action – normes, politiques ou accords qui favorisent la croissance économique, la stabilité financière et la réduction de la pauvreté.
6. Examen par les pairs via un système de surveillance multilatérale (gouvernements entre eux ou comités spécialisés) afin de renforcer le contrôle et la transparence. Le groupe de travail sur la corruption se charge, par exemple, de lutter contre la corruption des agents publics étrangers au niveau des transactions internationales.

Travail aux côtés du G20

Le cas de la crise financière survenue en 2008 permet de se rendre compte du rôle concret que joue l'OCDE. Cette période trouble, qui avait en effet entraîné la faillite d'un grand nombre de banques réputées, s'est finalement traduite par une crise de la dette de certains États, puis par l'effondrement généralisé de notre économie. Si l'on est en droit de s'interroger sur la pertinence du maintien du système économique mondialisé actuel, comment faut il comprendre les interventions des organismes internationaux qui cherchent à préserver un certain équilibre économique ?

Avec la crise mondiale de 2008, il devient évident que les organisations mondiales spécialisées se doivent d'agir ensemble pour relever les défis globaux. Suivant cette logique, le G20 fait à l'époque appel à l'OCDE (ainsi qu'à d'autres institutions spécialisées) dont la qualité des travaux de collecte et d'analyse des données allait permettre de trouver une réponse commune et réfléchie à la crise mondiale.

LA CONSTRUCTION DU G20

Le groupe des 20 (G20) est créé en 1999 en réponse aux crises financières vécues par les pays émergents (Brésil, Chine, Inde et Russie, soit les pays BRIC) dans le courant des années quatre-vingt-dix : sa constitution résulte d'une nécessité d'instituer un dialogue international auquel doivent prendre part les différents représentants des gouvernements et chefs d'État du monde entier (économies développées, en voie de développement ou émergentes). Il faut ici débattre des questions mondiales récurrentes telles que la montée des prix, la pension, l'emploi, etc.

Alors que son objectif initial était de favoriser la concertation internationale sur des sujets économiques, depuis 2008, le G20 s'est transformé en instance de pilotage économique. Pour mener à bien ses travaux et analyses, elle s'appuie notamment sur les expertises de la BM, du FMI, de l'OCDE et de l'OMC.

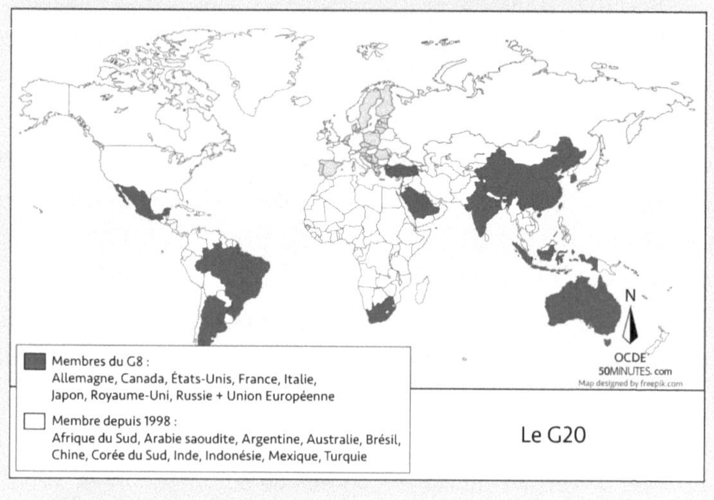

Depuis cette collaboration fructueuse, l'OCDE intervient activement et régulièrement sur les questions traitées par le G20 : il récolte des données, soumet ses analyses, émet des recommandations, etc. Son expertise de plus de 50 années offre un terrain propice aux réflexions, à la mise en place de politiques qui répondent aux crises et incertitudes internationales.

Avec le G20, l'OCDE travaille notamment sur la problématique de l'emploi, en partenariat avec l'Organisation internationale du travail (OIT). Les deux institutions ont dans ce cadre mené des analyses spécifiques sur le sujet, élaboré des rapports et proposé des recommandations. Ils abordent entre autres l'accessibilité pour tous, la stimulation des petites et moyennes entreprises, et l'éducation et la formation comme vecteurs d'accès à l'emploi.

Ensemble, l'OCDE et le G20 agissent également dans d'autres domaines afin d'impulser l'économie et lui donner un nouvel élan (lutte contre les paradis fiscaux et l'augmentation des produits alimentaires et de l'énergie, politiques de protection financière des consommateurs, etc.).

RÉPERCUSSIONS

L'OCDE DANS LE MONDE

Sous l'impulsion de son Secrétaire général depuis une dizaine d'années et grâce à ses actions concrètes, l'influence de l'OCDE s'est profondément métamorphosée.

L'OCDE en sept points pour en résumer les dernières années :

- aide les pays membres à faire avancer leurs programmes de réformes ;
- bâtit une économie mondiale plus juste, plus forte et plus saine ;
- organisme numéro 1 de la réflexion sur les politiques à mener ;
- rôle de plaque tournante d'émission de normes : corruption, responsabilité sociale des entreprises, fiscalité, etc. Par exemple, le G20 et l'OCDE ont ensemble réussi à mettre fin au secret bancaire ;
- fait avancer les travaux sur la transparence ;
- cible de nouvelles zones géographiques pour acquérir de nouveaux membres et augmente les partenariats avec d'autres organisations internationales ;
- fait office d'exemple de gouvernance mondiale.

LA BELGIQUE

Les avis divergent lorsque se présente le moment de faire le bilan des actions menées par l'OCDE et de son impact concret aux quatre coins du monde. Pour rendre compte du travail accompli par l'organisme – au niveau microéconomique et macroéconomique –, intéressons-nous au contexte socioéconomique belge et au rapport qu'il entretient avec le reste du monde.

Une étude de Petercam (groupe financier belge) classe les 34 pays membres de l'OCDE selon cinq critères : transparence et valeurs démocratiques, répartition de richesses et des soins de santé, éducation, environnement et économie. Si la Belgique n'est pas un mauvais élève et qu'elle se positionne en quinzième position – elle était treizième en 2013 –, certains efforts restent à fournir. Ils concernent principalement l'emploi des jeunes et des migrants, les émissions de CO_2 et le faible recours aux énergies renouvelables, ou encore l'absence de désendettement du secteur privé (comparativement à ses voisins).

La Belgique selon l'OCDE : « sur la bonne voie mais... »

Du rapport 2015 émis par l'OCDE sur la situation économique belge, il ressort comme principales conclusions des résultats globaux encore trop insatisfaisants : on observe en effet une reprise de la croissance et de la compétitivité extérieure, malgré une réduction du déficit budgétaire et des mesures visant le bien-être général. L'OCDE souligne une croissance sur le long terme ralentie par le faible taux d'emploi et l'érosion de la compétitivité-coût alors que la dette publique reste élevée. Par ailleurs, l'insertion socioprofessionnelle des personnes immigrées (emploi et conditions de logement) reste inquiétante. La récolte des données concernant le paysage belge, les analyses qui en découlent et les discussions et négociations ont abouti à trois recommandations :

- assurer la viabilité budgétaire tout en encourageant l'emploi et la compétitivité ;
- améliorer l'insertion des personnes issues de l'immigration sur le marché de l'emploi ;
- préserver l'efficacité et l'équité sur le marché du logement.
- Pour chacune de ces trois recommandations, l'OCDE a soumis des propositions de réformes.

Classement de la Belgique par rapport à ses voisins

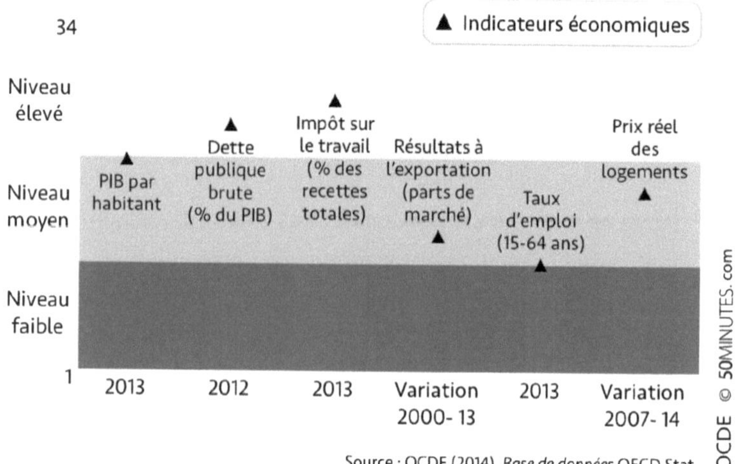

Source : OCDE (2014), *Base de données* OECD.Stat.

Les inégalités de revenus inquiétantes

L'OCDE révèle également que le niveau des inégalités de revenus entre les plus riches et les plus pauvres n'a jamais été aussi important en 30 ans. Même si la Belgique se positionne derrière le Danemark avec un coefficient de Gini de 0,27 en 2013 contre 0,28 en 2007, les écarts à plus grande échelle démontrent que les 10 % des plus riches possèdent 9,6 fois plus de richesses (revenus) que les 10 % des plus pauvres.

Inégalités des revenus : positionnement des pays de l'OCDE

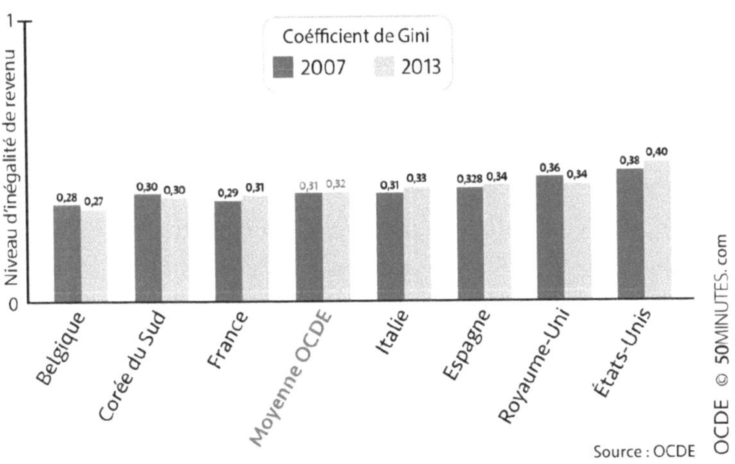

QU'EST-CE QUE LE COEFFICIENT DE GINI ?

Le coefficient de Gini est un indicateur qui mesure le niveau des inégalités de richesses (revenus, niveau de vie, etc.). Il varie entre 0 et 1 ; 0 correspondant à une situation d'égalité totale et 1 représentant un niveau d'inégalités totales. Entre 0 et 1, l'inégalité est d'autant plus forte que l'indice est élevé.

Si ces inégalités affectent la cohésion sociale globale, elles sont aussi un facteur capable d'impacter négativement la croissance économique d'un pays sur le long terme, c'est pourquoi l'OCDE recommande notamment de redistribuer les richesses collectées (impôts) sous forme d'allocations.

EMPLOI ET COMPÉTENCES : UN DÉFI POUR DEMAIN...

L'OCDE préconise l'égalité entre hommes et femmes ainsi que l'égalité des chances en ce qui concerne l'accès à l'emploi, mais pas uniquement puisqu'il conseille vivement aux gouvernements d'investir dans l'éducation et la formation (enseignement gratuit, par exemple). Cet aspect est un vecteur de développement économique et social.

À l'heure actuelle, ce sont quelque 35 millions de jeunes, âgés de 16 à 29 ans, dans les 34 pays de l'OCDE, qui n'ont pas d'emploi et qui n'ont suivi ni étude(s) ni formation(s). D'un rapport de l'OCDE paru en 2015 « *Youth, Skills and Employability* », il ressort que les jeunes ont deux fois plus de chance de se retrouver sans emploi entre 16 et 29 ans pour les adultes se situant dans la tranche d'âge supérieure. Les gouvernements sont appelés à agir en ce sens et à aider les jeunes à trouver un emploi.

Les défis sociaux rapportés par l'OCDE sont majeurs. Les pays doivent apporter une réponse cohérente et rapidement. En effet, l'inégalité de richesses entre les plus riches et les plus pauvres, tout comme la faible insertion des immigrés sur le marché de l'emploi, ne sont pas uniquement des problèmes de type social mais bien des problématiques sociétales. Celles-ci, si elles ne sont pas prises en compte et résorbées aujourd'hui, impacteront négativement la croissance et le développement général des pays.

Il semblerait que dans 22 zones et régions couvertes par l'OCDE :

- 10 % des nouveaux diplômés démontrent un faible niveau dans les matières littéraires ;
- 14 % ont des difficultés dans les branches mathématiques ;
- 40 % des élèves ayant décroché avant la fin du cycle secondaire manifestent de mauvaises compétences autant en mathématiques qu'en littérature ;
- moins de 50 % des élèves suivant un cursus scolaire professionnel et moins de 40 % de ceux qui sont issus de l'enseignement général bénéficient d'une immersion en milieu professionnel. Ce manque

de compréhension du monde du travail combiné à une maigre expérience sur le terrain engendre un coût trop élevé pour la société qui recrute.

Les obstacles institutionnels (impôts, cotisations, etc.) impactent aussi le chômage chez les jeunes qui se retrouvent bien souvent en situation précaire avec des emplois intérimaires ou à durée déterminée.

EN RÉSUMÉ

L'OCDE :

- est créée en 1961, dans un contexte d'après-guerre qui favorise les échanges commerciaux comme vecteur de développement économique et de reconstruction de l'Europe ;
- compte 34 pays membres et est composée de trois organes – le Conseil, le Secrétariat et le groupe que forment les Comités – qui assurent le bon fonctionnement de l'institution et relayent les recommandations et autres analyses pour aider à la mise en place effective de nouvelles politiques ;
- a installé son secrétariat à Paris et emploie quelques 2 500 agents ;
- se finance grâce aux cotisations de ses membres dont l'importance varie proportionnellement à la taille du pays ;
- vise à aider les gouvernements à implémenter des politiques permettant l'amélioration économique et le bien-être de tous ;
- collabore avec les gouvernements membres mais également avec les syndicats, les universités, les associations et les institutions internationales (par exemple, le G20) ;
- évalue chaque pays individuellement mais entre eux ;
- estime que la Belgique est en bonne voie mais que des efforts restent à fournir en matière d'emploi et de compétitivité, d'insertion socioprofessionnelle des migrants et d'équité sur le marché de l'emploi ;
- doit faire face à deux défis majeurs dans les années à venir : l'emploi et le développement des compétences chez les jeunes et les femmes.

POUR ALLER PLUS LOIN

- Portail de l'OCDE.
  http://www.oecd.org/

SOURCES BIBLIOGRAPHIQUES

- BRUNEL (Sylvie), « Qu'est-ce que la mondialisation ? », in *Sciences Humaines*, consulté le 25 juillet 2015.
  http://www.scienceshumaines.com/qu-est-ce-que-la-mondialisation_fr_15307.html
- CLERQ (Denis), « La mondialisation n'est pas coupable. Vertus et limites du libre-échange Paul R. Krugman », in *Alternatives économiques*, novembre 2005, consulté le 25 juillet 2015.
  http://www.alternatives-economiques.fr/la-mondialisation-n-est-pas-coupable--vertus-et-limites-du-libre-echange-paul-r--krugman_fr_art_222_25323.html
- DEGANS (Alexa), « Ces pays émergents qui font basculer le monde », in *Sciences Humaines*, janvier 2013, consulté le 25 juillet 2015.
  http://www.scienceshumaines.com/ces-pays-emergents-qui-font-basculer-le-monde_fr_27711.html
- DE GRANDI (Michel), « Pour l'OCDE, les inégalités de revenus dans le monde sont à "un point critique" », in *Les Échos*, mai 2015, consulté le 25 juillet 2015.
  http://www.lesechos.fr/journal20150522/lec1_monde/02182791614-pour-locde-les-inegalites-de-revenus-dans-le-monde-sont-a-un-point-critique-1121645.php
- FRANCE DIPLOMATIE, *Qu'est-ce que le G20 ?*, août 2012, consulté le 25 juillet 2015.

http://www.diplomatie.gouv.fr/fr/politique-etrangere-de-la-france/diplomatie-economique-901/gouvernance-de-l-economie-mondiale/l-action-de-la-france-au-g8-et-au/article/qu-est-ce-que-le-g20

- GREGA (Pierre), « Problèmes de gestion dans un contexte de développement », in *Développement et Gestion Nord*-Sud, Bruxelles, ICHEC, 2012-2013.
- MIGNON (Thomas), « Rapport de l'OCDE : la Belgique reçoit un bon bulletin, mais… », in *rtbf.be*, février 2015, consulté le 25 juillet 2015.
  https://www.rtbf.be/info/economie/detail_rapport-de-l-ocde-la-belgique-recoit-un-bon-bulletin-mais?id=8898558
- OCDE, *Études économiques de l'OCDE. Belgique,* éditions OCDE, février 2015, consulté le 25 juillet 2015.
  http://www.keepeek.com/Digital-Asset-Management/oecd/economics/etudes-economiques-de-l-ocde-belgique-2015_eco_surveys-bel-2015-fr#page12
- OCDE, *Les gouvernements doivent redoubler d'efforts pour traiter le problème du chômage chez les jeunes*, éditions OCDE, mai 2015, consulté le 25 juillet 2015.
  http://www.keepeek.com/Digital-Asset-Management/oecd/education/oecd-skills-outlook-2015_9789264234178-en#page9
- OCDE, *Rapport du secrétaire général aux ministres 2015*, éditions OCDE, 2015, consulté le 25 juillet 2015.
  http://issuu.com/oecd.publishing/docs/012015102e/13?e=3055080/13238727
- OECD STAT, *Distribution des revenus et pauvreté*, consulté le 25 juillet 2015.
  http://stats.oecd.org/Index.aspx?DataSetCode=IDD&Lang=fr
- PETERCAM, *Communiqué de presse. Classement de durabilité – OCDE*, Bruxelles, octobre 2014, consulté le 25 juillet 2015.
  https://www.petercam.com/sites/default/files/news/files/2014_10_17_pr_sri_fr.pdf

- Universalis, « O.C.D.E. (Organisation de coopération et de développement économiques) », in *Encyclopædia Universalis*, consulté
le 25 juillet 2015.
http://www.universalis.fr/encyclopedie/organisation-
de-cooperation-et-de-developpement-economiques/
- Université du Québec à Montréal, « Théorie du développement et du sous-développement », in *UQAM*, septembre 2007,
consulté le 25 juillet 2015. http://politique.uqam.ca/upload/files/
automne2007/notes_des_cours/Pol-4131-20_Cours25SEPT07.pdf

SOURCES COMPLÉMENTAIRES

- Krugman (Paul), *La mondialisation n'est pas coupable. Vertus et
limites du libre-échange*, édition La Découverte, 2000.
- Mathieu (François), « L'OCDE épingle la Belgique : les voitures
de société dans le viseur », in *LeSoir.be*, consulté le 25 juillet 2015.
http://www.lesoir.be/776997/article/economie/2015-02-04/l-
ocde-epingle-belgique-voitures-societe-dans-viseur

www.50minutes.com

Éditeur responsable : Lemaitre Publishing
Rue Lemaitre 6 | BE-5000 Namur
info@lemaitre-editions.com

ISBN ebook : 978-2-8062-6036-9
ISBN papier : 978-2-8062-6037-6
Dépôt légal : D/2015/12603/182
Photo de couverture : © M.studio

Conception numérique : Primento,
le partenaire numérique des éditeurs